*L'Amour,
votre égérie...*

Photo de couverture de Can Stock Photo Inc.

À la fois ange et conquérante par sa séduction, son charme, ses mots et son ardeur, cela fait d'elle une femme unique et adulée.

Une femme possède un émoi inexplicable et mystérieux jusqu'à l'étrangeté, un éblouissement des sens, de l'âme et du cœur en quête d'amour.

Une égérie aime dans un amour pur, elle peut ressentir tout cela et n'a qu'une envie, celle d'unir son corps, son cœur et son âme à sa flamme jumelle pour ne plus la quitter, mais lui offrir le goût du bonheur ainsi que la beauté suprême dans un univers n'appartenant plus à ce monde, celui du fantasme.

L'amour est un mot fragile que l'on dit en murmurant ce que l'âme n'ose exprimer, déclarant à l'être aimé d'une voix profondément douce et lointaine une passion débordante, sans vouloir l'effrayer.

L'amour est une muraille que l'on franchit pour s'y loger et pour y vivre comme si l'on naissait une seconde fois.

L'amour, cette note musicale qui ne vous quitte pas, qui fait de l'autre votre reflet. Vous désirez vous enfoncer dans ce reflet et ne plus en sortir, parce que vous vous y sentez bien.

L'amour, c'est un cœur qui vous prend, vous dessine et vous emporte, il vous offre ce que l'imaginaire ne peut vous dire pour vous surprendre. Il est insaisissable et glisse entre vos mains aussi vite que vos pensées. Il est volage, il est impertinent, absent, ardent, arrogant, passionné, mais il peut aussi vous faire prisonnier à tout jamais. Il sait vous posséder par la séduction et vous apporter une passion dévorante, mais aussi vous élever au-dessus du beau, du merveilleux, du divin et au travers d'une femme, vous y incarner en une même chair.

Une femme aimant une femme s'avère être une amante exceptionnelle dans l'art de l'amour, du raffinement, de la sensualité et de l'émotionnel. Physiquement et mentalement, elle peut devenir une courtisane remarquable dans les jeux de l'amour.

Vous la prenez tout contre vous, parce que vous désirez vous réfugier dans ses bras afin de recevoir comme un cadeau ses délicieux baisers en goûtant ses lèvres sucrées et gourmandes. Vous avez besoin de sa chair, vous n'en pouvez plus de ce désir. Vos mains se cherchent et vos bouches se réclament. Ses caresses vous font gémir de plaisir et de convoitise pour vous rendre infiniment amoureuse de vous.

Peut-on mourir d'amour, ce serait là un paradis sur terre ?

Une femme ? C'est une fleur, une adoration. Elle est tellement délicate qu'il ne faut pas l'effrayer, mais la conquérir doucement. La tendresse en est la clé !

L'amour, c'est quand vous dites : je suis ton sang, ton désir et ton feu, c'est ta vie qui brûle en moi.

Tu es une femme au rêve audacieux et étonnant, tu es la vague qui m'inonde de joie dans les plus profonds et les plus troublants recoins de mon âme. Tu incarnes la douceur, la tendresse et la beauté. Tu me fais aller dans des terres inconnues. Mon obsession de toi n'est que pur désir. Ta bouche me tourmente, ton baiser devient léger, pareil à la brise et tes lèvres sont mouillées comme la rosée, elles se posent avec fougue sur les miennes dans une caresse provocante qui me fait espérer les plaisirs les plus coquins, les plus libertins et les plus érotiques.

J'ai envie de te découvrir comme la perle rare d'une huître. Ta peau m'attire tel un aimant, tes yeux aux couleurs de l'arc-en-ciel me troublent avec le désir de te serrer dans mes bras et t'entendre me supplier de te caresser voluptueusement, afin de te surprendre agréablement, pour me fondre en toi et te faire l'amour démesurément.

Tu es le ciel, moi la terre, tu es le diamant, moi la pierre. Tu es la lumière, moi l'ombre, mais à nous deux, nous en ferons un soleil. Entre toi et moi, cette intimité des corps fusionne en nous.

Tu es en train de naître dans mon cœur et dans mon âme comme un coin de paradis. J'ai besoin de toi tel un chant d'amour, un sourire et une main qui se tend. Je ne peux me défendre de cette force et de ce pouvoir que tu exerces sur moi comme une puissance. J'ai envie de te donner ma vie, mes pensées, mes joies, mes espoirs, mes combats, mes bonheurs.

Cette nuit-là, il y a eu entre toi et moi un mariage spirituel, je t'ai pénétrée avec mes doigts si intimement que j'ai senti ta propre chair tressaillir comme si c'était la première fois. Cette union sacrée et ce pacte d'amour restera un secret entre nous.

Tu es le diamant de mon cœur, mais l'amour dans son mystère n'est-il pas plus que cela ?

Il est en moi des secrets que je ne saurais te dévoiler, cette communion intime entre toi et moi fait de nous des amantes insatiables. Je m'attache à toi comme la racine d'un arbre à la terre. Tu es volage, moi fidèle. Secrète à tes heures, mais libertine entre mes bras.

Tu es ma vie, tu es ma chair, tu es ma renaissance, ma joie et mon espoir. La distance entre nous n'existe pas puisque je serai toujours là pour toi où que tu sois ?

Tu as tous les pouvoirs sur moi. Ton charme n'est que d'être une femme charmante, ensorcelante et aimante. Ton envie n'est que de venir dans mes bras et ta bouche le désir de prendre mon sein pour le sucer avec jouissance. Tu n'as qu'un seul souhait, celui de faire l'amour et moi de me laisser faire.

Tu es une femme exquise et troublante, c'est ainsi que par ta déclaration enflammée, ton amour me fait entrevoir les portes de la passion, puisque ton âme semblable à la mienne embellit ma vie en m'offrant ta vie que je croquerai à pleines dents.

J'effleurerai ton corps avec délicatesse, adoration et jouissance. Mes caresses sensuelles et érotiques ne seront pour toi que délice et douceur, te provoquant par mes baisers fougueux, des tremblements, des frissons et des frémissements aux plaisirs aphrodisiaques et paradisiaques au cœur angélique de ta belle âme.

Je t'aime ma belle amie et je ne saurais me lasser de toi, même si parfois je reçois des coups de fouet à la place de « *morceaux de sucre* ». Je lis dans tes pensées ce que tu n'oses pas me dire, ton rire devient complice de mes attentes.

Par le désir de la chair, nous devenons dans le divin une même chair et un seul être.

Tu es ma dulcinée et tu me poursuis jour et nuit en m'appelant silencieusement au fond de ton cœur pour te rejoindre. Je ne sais pas si je vis ou si je meurs d'amour pour sombrer à tes appels suppliants. J'aime parfois être ton jouet, devenir ta chose ou ton esclave.

Je ne peux résister à ta féminité qui me colle à la peau, car elle est mon essence, ma raison de vivre, mon âme, mon tout, ma passion, mon inspiration, mes battements de cœur, mon émoi et ma faiblesse… mais déclenche parfois de la jalousie

Ta joie, ton désir sont l'attente à tous les préludes de l'amour pour nous unir intimement l'une à l'autre. Tu es une déesse qui fait battre mon cœur. Ton image m'offre la beauté la plus délicieuse entre toutes les femmes. Ta délicatesse et ta féminité m'emportent au-delà des songes les plus chimériques puisque tu es devenue ma muse.

Avec toi, l'amour me révèle tous ses mystères. Il est cette passion dévorante lorsque nos corps fusionnent en harmonie durant nos étreintes amoureuses, cela fait de nous des amantes affamées de désirs, de sensations nouvelles, exquises et torrides.

En t'offrant toute à moi, tu fais chanter mon cœur d'allégresse. Offre-moi tes seins afin que l'ivresse continue à me gagner et susciter en moi des émotions libertines et coquines.

Ce désir de toi devient obsédant pour m'étourdir de tes caresses les plus lascives et les plus envoûtantes. Je me meurs d'amour par les délices de tes caresses. Embrasse-moi… Je souffre d'attendre les désirs qui se bousculent en moi.

Je n'ai de répit que tu sois mienne qu'en te faisant l'amour parce que tu es ma femme et que je t'aime. Nos mains à la découverte de nos corps assoiffés de caresses impudiques s'attardent sur nos seins nus, puis glissent entre nos cuisses pour exciter nos sexes brûlants qui laissent échapper notre liqueur de femme. Notre étreinte devient sauvage et notre peau semble brûler comme si les flammes d'un brasier nous consumaient. Au comble de l'excitation, nos corps s'étreignent avec frénésie. Nos cœurs battent à l'unisson. Nos bouches se cherchent et nos mains s'enlacent pour mieux nous unir. Je décuple les jeux coquins de l'amour. Ta peau est douce comme du velours et mes mains te caressent toute en douceur. Ma langue parcoure ton corps pour le faire vibrer d'émotion et de sensations exquises en glissant lentement jusqu'à ton mont de Vénus pour te pénétrer intimement et amoureusement avec mes doigts dans ton intimité de femme.

Quand nos âmes se rencontrent et que nos cœurs s'embrasent à l'unisson, dans cette union il n'y a pas plus incohérent et plus étrange, que cet exquis mélange de nos deux êtres qui se découvrent, se regardent et se dévorent des yeux pour n'avoir que l'amour en bagage et pourtant, en cela n'est-ce pas le plus beau des trésors ?

Je serai pour toi une amante passionnée, douce et attentive. Par mes caresses, tu découvriras la frénésie d'aimer et l'amour ne sera plus un mystère pour toi !

Ô ! Tu seras mienne, pour devenir l'étoile qui brille dans le ciel ou le soleil qui illumine l'univers pour embellir ma vie.

Rêver à un paradis peuplé de femmes. Les aimer toutes !
Être un Don Juan au féminin ?

Elle, entre toutes les femmes devient plus que femme et à travers elle, je deviens également femme par une féminité partagée. Dans une semblable intimité, nos vies se ressemblent.

Être ma femme, être la tienne, entre nous il y a la complaisance, la jouissance, l'émerveillement, la finalité de nos deux destinées.

Mon regard plonge au fond de tes yeux où je me noie délicieusement en toi, tout au fond de ce gouffre vertigineux qui m'attire dans les profondeurs, j'ai envie de mourir de félicité par ce bonheur prodigué.

Te prendre entre mes bras et te toucher partout, douce et consentante. T'entendre mendier de nouveaux plaisirs de jeux érotiques et polissons pour devenir deux amantes torrides, voluptueuses, insensées et insouciantes, seules au monde pour que notre amour soit un état de folie.

Je m'assois au-dessus de ta bouche, les genoux repliés entre tes épaules. En même temps, je serre ta tête avec mes deux mains. Je veux que ta langue agile caresse mon clitoris pour le durcir et qu'elle excite cette proéminence qui se met à pointer. D'un coup sec je m'enfonce profondément et ta langue devient un sexe brûlant et rigide. Dans un orgasme violent doublé d'un cri rauque, je t'inonde de ma liqueur de femme au goût amer et salé.

Je te retourne sur le ventre et m'allonge sur ton dos pour me frictionner contre tes fesses ouvertes qui sont dures et rondes. Ma jouissance explose en un délicieux orgasme.

Tu es la fleur de mon cœur et le miel de mon âme.

Ma bouche te réclame, mon âme te cherche, mon cœur soupire, mon corps s'enlace autour de ton corps pour ne plus se séparer de ta vie et mes mains se soudent aux tiennes dans une caresse sans fin.

Ta bouche qui prend possession de la mienne n'est que douceur, désir, divagation, découverte, sensualité, ardeur. Chair contre chair, ta provocation fait frémir mon corps tout entier.

Je réponds à ton délicieux baiser et goûte tes lèvres avec gourmandise, nos langues se cherchent, notre baiser devient fougueux et possessif. Nos mains découvrent avec excitation nos corps, nous nous effleurons mutuellement les seins, puis entre nos cuisses nos doigts caressent nos clitoris en érection pour enfin partager une jouissance impétueuse qui nous enivre de plaisir dans des gémissements sensuels.

Nos doigts s'entrelacent, nos bouches se soudent, nos regards s'émerveillent et nous sombrons dans un océan de bonheur. Je me plais à rêver de nous, car il n'y a rien de plus charmant que nous deux.

Ton sein, petit vallon, tache ronde et rose en son milieu. Je pose amoureusement ma bouche brûlante sur ce coin de peau fragile et douce. Le bout de ma langue excite et lèche ton mamelon qui me provoque un délicieux vertige et une infinie ivresse.

Il y a au fond de tes yeux, les vagues de l'océan et le sel de la mer qui couvre ton corps au goût d'un coquillage. Je t'imagine infiniment douce et secrète. Ma main se pose délicatement sur ta joue, mais mon doigt, curieux, s'aventure sur tes lèvres comme un papillon sur une fleur et s'enfonce à l'intérieur chaud et moite de ta bouche pour jouer avec ta langue. Des pensées érotiques aux caresses interdites et sensuelles font déjà de moi une courtisane…

Ma main dans ta main devient capricieuse, coquette, enjôleuse, polissonne. Nos doigts se caressent pour flirter avec notre peau moite à la douce tiédeur envahissante.

Nos corps hâtivement s'unissent étroitement. Notre respiration devient haletante, car nos cœurs cognent tellement fort dans nos poitrines que l'on peut comparer ces battements à ceux d'un tambour.

Je caresse les lèvres de ton sexe pour mieux les ouvrir avec ma langue agile en excitant la petite proéminence de ton clitoris qui grossit, durcit et envahit ma bouche de ta liqueur de femme pour m'enivrer délicieusement de son parfum et de sa saveur.

Il me plaît d'être ton jouet pour n'être plus que ta chose et ton esclave, lorsque tu brandis ton fouet et que ton corps est habillé d'un pantalon et de bottes en cuir noir. En me laissant regarder tes beaux seins, je me soumets à ton plaisir lascif.

Moulée dans ta combinaison de latex noire et chaussée de bottes en cuir à talons hauts, tu provoques mes envies secrètes en portant une lingerie fine. Nos jeux fétiches nous font découvrir des sensations nouvelles et extravagantes.

Je désire t'initier aux rêveries coquines, aux fantasmes inavoués d'un univers féminin insoupçonné, celui du léchage des pieds. Ma bouche suce chacun de tes orteils, pour te provoquer de grisants frissons.

Lorsque je te fais l'amour, je ressens les sensations de ton corps qui sont semblables aux miennes. Dans le plaisir, nous devenons des complices.

Je t'aime parce que tu es fragile et que je veux être pour toi ton autre et ton double.

Une femme doit être égale à une autre femme dans une séduction féminine permanente par de tendres étreintes, de doux mots et de délicates attentions.

Mon bel amour, donnes-moi les plaisirs les plus excitants en m'offrant ton petit sexe féminin pour le sucer avec volupté. Délicieuse euphorie entre deux femmes...

Les regards enjôleurs commencent. Les mains deviennent moites, la peur de déplaire, le premier baiser parfois gauche ou maladroit, le désir qui augmente au fur et à mesure, les doux effleurements, tendres et gourmands, le cœur qui bat la chamade, les premières lettres d'amour, l'innocence, l'extrême timidité, les premiers poèmes, la sensibilité à fleur de peau, le romantisme... Est-ce cela le prélude de l'amour ?

Pour chérir une femme avec son cœur et son corps, il faut la mettre sur un piédestal et savoir que l'art d'aimer est une science, mais aussi un talent. Celui de se préparer à lui faire l'amour de longues heures et inlassablement pour la faire jouir à l'infini...

À chaque fois, il faut repartir vers une nouvelle conquête, avec la peur de s'attacher, d'aimer à nouveau pour être ensuite abandonnée. Alors, recommencent un mal-être, un chagrin en sombrant souvent dans une profonde mélancolie et une solitude mal acceptée.

Parfois, l'envie de mourir quand l'amour n'existe plus, le chagrin est tellement puissant que la vie devient une chimère. Alors, comment croire encore à l'amour ?

C'est pourquoi, l'amour entre deux femmes reste impénétrable. Rien n'est plus fort ni plus troublant que des corps semblables qui s'unissent au-delà des préjugés.

Être une femme, n'est-ce pas la plus belle création sur la terre lorsqu'elle naît belle ? D'une beauté parfaite. L'image d'un paradis rêvé…

Je suis une femme rebelle et indomptable, car personne ne peut me soumettre, sauf l'amour qui en a tous les pouvoirs.

C'est dans la douleur de la peur de perdre celle que j'aime qui conduit mon esprit à alimenter mes yeux en larmes, que mon cœur est en *sang,* que mes nuits deviennent des voyages d'errance, que ma vie semble s'arrêter pour tomber dans un néant où la lumière a cessé de briller puisqu'elle ne m'aime plus.

Lorsque ta voix me susurre des mots amoureux et que ta féminité est celle de la beauté d'une jolie femme, comment ne pas succomber à ton charme ?

Il y a dans mes yeux ton regard couleur pastel. Dans ce profond silence, je te rejoins, car j'ai des secrets à te révéler. Partons ensemble vers un monde de rêves où nous ne serions que nous deux.

Plus une femme se fait désirer, plus elle devient le fruit de la tentation en devenant infiniment précieuse.

L'amour est une pensée accompagnée d'un sourire espiègle, parce que l'énigme demeure. Tu enchantes mes jours et mes nuits de rêves brûlants…

Le triangle féminin du mont de Vénus est le symbole sexuel d'une femme. C'est le chemin sacré qui conduit à son intimité…

La passion est un poison, une attraction des corps. Que deviendrons-nous lorsque tout sera fini ? C'est le risque de souffrir par une séparation brutale, puisque nous rêvions. Le cœur est la clé d'un véritable amour et l'éventuel ciment d'un bonheur éternel…

Quand le silence se fait lors des soirs sombres et que tout semble immobile, mon cœur, telle une horloge, bat la mesure à la cadence du tien. Mes pensées s'envolent vers toi et j'imagine mes mains et ma bouche inventer des caresses interdites, sensuelles. Toi, tu te laisseras faire comme si tu m'attendais depuis longtemps.

Tu es le soleil de ma vie. Ton image me poursuit jour et nuit par l'amour qui nous unit comme un aimant. Ta voix résonne en moi par un même écho. Lointaine et proche à la fois, tu fais vibrer en moi mille émotions qui m'envahissent et dans un tourbillon m'emportent dans les recoins de ton âme où je m'installe à jamais. Je t'aime… le sais-tu ?

Nos doigts s'entrelacent, nos bouches se soudent, nos regards s'émerveillent pour sombrer dans un océan de bonheur. Dans un demi-silence perpétuel, il y a deux êtres qui s'aiment : toi et moi.

L'amour est une essence magique venant du ciel, on ne peut l'expliquer, sinon le ressentir pour en faire un privilège !

Je soupire de bonheur et de félicité quand tu m'embrasses afin de me réchauffer dans mes nuits froides. Tout contre toi, je ferme mes yeux et ne veux plus les ouvrir, tellement j'ai envie de quitter ce monde pour m'enfuir à tout jamais afin que la mort m'emporte, puisque je t'aime, mais tu ne m'aimes pas. Qu'importe puisque je suis entre tes bras. Laisse-moi rêver... ou bien mourir ?

Etant la mendiante d'un regard ou d'un mot d'amour, je n'ai jamais rien reçu de toi en échange afin d'apaiser ma peine. Tu n'as pas compris, ni entendu mon cri de détresse pour que je puisse me blottir contre ton sein, afin que tu deviennes mienne dans ce monde égoïste et froid.

Il est des mots qui sont semblables à des coups de poignard, on ne devrait pas les dire, car ils sont pires que le poison.

Sais-tu que ta main est plus douce que le velours et ton regard plus beau que le ciel ? La fossette, au coin de ta bouche me fait sourire, parce que je te sens en cet instant, comme une toute petite fille pleine de malice, abandonnée tendrement contre moi à qui je murmure secrètement un « Je t'aime ». Pareillement à une chanson d'amour.

Elle est si femme qu'elle me trouble, son amour me fait entrevoir les portes de la passion, mon âme reste jeune malgré mon corps vieillissant. Sa candeur me donne la sève de sa jeunesse pour embellir ma vie avec l'envie de vivre longtemps.

La prendre doucement contre moi, poser mes lèvres délicatement sur sa bouche comme une invitation à l'amour. Toucher de mes mains son corps qui me torture par le désir en m'emportant vers des rêves merveilleux, pouvoir caresser sa chair afin de ressentir son trouble, parcourir les formes féminines de son corps, la faire vibrer d'ardeur entre mes bras dans de délicieux frissons, l'écouter jouir avec ravissement en lui murmurant les mots les plus doux. Il n'existe pas de plus grand bonheur que cela !

Toutes ces folies traversent mon esprit. Devenir son amante, lui révéler tous mes fantasmes pour mieux la posséder en lui faisant la cour pour remplir son cœur de joie et de bien-être. Mes pensées prennent le relais de ma convoitise et s'entremêlent. Être deux à planer au-dessus du monde pour devenir les Reines d'un plaisir exquis.

Quand mon âme est ton amie, tu deviens la confidente de mon cœur pour que mon esprit s'épanouisse à tes côtés et t'aime d'une grande passion.

Le soir, ma main s'ouvre et saisit la tienne dans la nuit noire dans le lit glacé. Allons-nous bientôt nous rencontrer ? Je continue à te chercher, à t'attendre sur ma couche pour y célébrer nos noces, car je te veux toute à moi, afin de conquérir ton cœur.

— Où es-tu ma muse, ma bien-aimée ?

Il y a en cette inconnue ce puits d'amour inépuisable auquel je succombe. Elle a fait de moi sa captive. Je ne peux plus continuer à vivre sans elle, puisque je suis devenue sa moitié, sa chose. L'amour est un état de folie, mais qu'importe parce que je suis prête à la suivre.

Il n'y a que l'odeur de ta peau, celle d'une femme comme toi pour m'enivrer de tous les parfums subtils et entêtants.

Nos nuits sont enivrantes et obsédantes. Je te cherche dans l'obscurité et ne te trouve pas. Tu es déjà partie loin de moi, je sens ma peine comme un fardeau tant je me sens seule sans toi, car je sais que tu ne reviendras plus et que je t'aime toujours.

T'aimer, c'est te dire que mes pensées te suivent pas à pas, que je ne peux plus vivre sans toi, que ma vie est accrochée à ton cœur et que j'attends de nous la plus belle histoire d'amour. Nous serions toi et moi unies pour le meilleur et pour le pire, car je désire que tu sois ma femme, que nos vies deviennent un soleil, un rire, un battement de cœur quand mes yeux dans tes yeux te disent à quel point j'ai besoin de toi pour faire de ma vie un bienfait et un enchantement.

Je t'aime parce que je te comprends mieux que quiconque. Tu es si fragile et si forte à la fois, mais tellement féminine que je veux être pour toi ton autre pour embellir ta vie.

Ton amour est lumineux comme une étoile dans un ciel noir, tu es ce cœur dans lequel je remets le mien par le don de moi en te disant :
— Tu as aimé et tu es aimée. C'est ainsi que je t'offre la passion que tu cherches dans l'obscurité de ton cœur depuis longtemps, fais de moi ta bien-aimée comme il te plaira, car je t'appartiens pour toujours...

Puis, je n'ai nulle envie de t'aimer puisque tu me méprises. Malgré tout, tu joues avec moi pour mieux me perdre. Il te plaît de m'humilier et de faire de moi un pantin. Ma faiblesse, tu l'as trouvée, je ne peux résister à ton charme perfide et à tes caresses voluptueuses. Quelle lâche suis-je devenue pour ne point vouloir m'enfuir. Pourquoi une femme vicieuse peut-elle faire tant de ravages ?

Il me vient mille pensées lorsque je songe à toi, tu me tourmentes, tu me poursuis dans des rêves impossibles. Je te dessine à l'infini, ton image se grave en moi pour honorer ta beauté, mon désir n'en est que plus puissant.

L'amour, sans doute, n'est qu'une mémoire de l'au-delà ? Je préfère m'en persuader. Faut-il passer par plusieurs vies pour prendre conscience de cela ?

Pourtant, c'est beau deux femmes qui se comprennent, qui se complètent en un même idéal avec des paroles aimables en amitié ou en amour.

La caresse de son regard vert comme une mer déchaînée m'entraîne à la dérive pour mieux m'engloutir.

Je t'attends, quand viendras-tu me rejoindre, je me meurs dans ton silence, je te cherche indéfiniment pour faire de toi ma vestale.

Être lesbienne est un choix de femme de vivre en harmonie avec soi-même. Le monde façonne à son image ce qui l'arrange, mais ne glorifie pas assez l'amour que les femmes ont entre elles.

L'amour est cette essence magique qui nous vient du ciel. On ne peut expliquer cela, sinon le ressentir comme un mystère.

Je voudrais être ton esclave d'amour pour que le feu de ta bouche brûle chaque recoin de mon corps et que tes doigts me découvrent, me caressent et m'inventent.

Que m'as-tu fait pour que je ne puisse plus vivre sans toi ? Tu incarnes tous mes désirs, toutes mes attentes et mon seul avenir. Je serai ton ange et ta passion, je serai ce que tu auras envie que je sois, pourvu que je sois tienne.

Je te veux dans l'ivresse, jusqu'à n'en plus pouvoir, tous mes sens sont en éveil et je ne puis que te désirer, t'attacher à moi comme une liane qui s'enroulerait autour de mes hanches.

Comme tu es belle lorsque je te fais l'amour, tes soupirs et tes gémissements font de moi ta complice. Je t'aime dans ces moments si émouvants parce que je t'appartiens déjà. Il y a dans ta voix une musique mélodieuse qui enchante l'oreille au-delà de l'imaginaire.

Je voyage à travers tes yeux pour goûter à ton être intime où je m'introduis telle une voleuse. Tu es l'infini, l'amour éternel dans lequel je me noie délicieusement. Je cherche en toi la femme, l'unique, celle qui en mon cœur et en mon âme, fait de toi ma muse, mon amante, ma déesse d'amour.

Mon sexe s'offre à toi, il est un temple sacré et féminin où tu pourras te désaltérer pour étancher ta soif.

Tu as tous les pouvoirs, car ton charme est d'être une femme charmante, ensorcelante et aimante.

J'ai besoin de ta peau, de ton odeur, de ton souffle, de tes caresses, de tes mots d'amour. Je ne peux plus vivre sans toi. Cela est comme si le soleil n'existait plus.

L'amour peut vous tuer ou vous ressusciter. Il est comme un poison ou bien comme un bonheur ! Une rupture laisse un goût amer, une cicatrice dans votre cœur et une blessure dans votre âme.

Quel est le plus grand mal ? Est-ce de souffrir dans son corps ou bien dans son cœur ? L'un et l'autre se rejoignent, mais un nouvel et véritable amour peut guérir les deux.

© 2022, Michèle Marie Lapanouse
Édition : BoD – Books on Demand,
12/14 rond-point des Champs-Élysées, 75008 Paris
Impression : BoD - Books on Demand,
Norderstedt, Allemagne
ISBN : 9782322201181
Dépôt légal : Mars 2022